Heike Wundling

Der Cello-Bär
Lehrerkommentar zu
Band 1 und 2

ED 8224

Schott's Bärchenverlag

Mainz · London · Madrid · New York · Paris · Tokyo · Toronto

Impressum

Bestellnummer: ED 8224
ISMN: M-001-08407-9
Fotos: Heike Wundling

© 1997 Schott Musik International Mainz
Printed in Germany • BSS 47 954

Inhalt

Einführung

Der Lehrgang „Der Cello-Bär" ist für den Instrumentalunterricht mit Kindern ab dem Vorschulalter konzipiert. Die instrumental-technischen Ziele des Unterrichts werden hier mit Methoden der „Musikalischen Früherziehung/Grundausbildung" verbunden, um dem Kind einen altersgerechten Instrumentalunterricht zu ermöglichen. Parallel zur Entwicklung des Schülers vom Vorschul- zum Schulkind beschreitet auch der „Cello-Bär" einen instrumentalen Lernweg vom unbewußten Tun zum bewußteren Handeln.

„Der Cello-Bär" besteht aus zwei Schülerheften. Mit diesem Arbeitsmaterial besitzt der Schüler Unterlagen, aus denen er Cello spielt und in die er auch malen kann. Das Lehrbuch im Cellounterricht bleibt so nicht anonymes Medium, sondern wird mit der Zeit ein ganz individuell gestaltetes, persönliches Arbeitsmittel des kleinen Musikanten.

Im Verlauf des Lehrgangs soll der Schüler, ausgehend von einem einfachen „Zusammensein" mit dem Cello, in ganzheitlichem Erleben hingeführt werden zu schon genauerem Beobachten und differenziertem Beurteilen seines Spiels, zum Erlernen einer Rhythmussprache und der Notenschrift (1. Band), zum Umgang mit der Notation und deren Übertragung in Klingendes. Durch den Aufbau der Technik der linken Hand im 2. Band wird die schwierige Koordination beider Hände und dadurch auch das bewußtere Üben vorbereitet.

Ein entscheidendes Merkmal des Lehrgangs ist die Aufteilung der einzelnen Unterrichtsstunden in verschiedene kürzere Phasen. Einerseits entsteht so für den Schüler die Möglichkeit mehrkanaligen Lernens, andererseits wird durch die Abwechslung mehrerer kürzerer Phasen der noch geringen Konzentrationsfähigkeit der Kinder Rechnung getragen.

Jede einzelne Unterrichtsstunde gliedert sich in:
1. Rhythmusschulung
2. Aufbau der Technik der rechten und linken Hand
3. Musiklehre
4. Gehörbildung
5. Schulung des Ausdruckswillens

Aus dem Ablauf der Schule ist der Aufbau der ersten drei Phasen klar ersichtlich. Zur Schulung des Gehörs und des Ausdruckwillens werden sehr viele Anregungen gegeben, z. B. das Nachahmen von Tierlauten und -bewegungen, Improvisationsansätze, Frage- und Antwortspiele usw. Dadurch entsteht für den Lehrer der Freiraum, je nach seiner Methode und Persönlichkeit, auf diese Gebiete einzugehen und den Schüler gemäß dessen Entwicklung zu fördern.

Sehr wichtig ist, daß der Lehrer im Unterricht viel mit dem Schüler singt und ihn ermuntert, es auch zuhause zu tun. Nur durch eigenes Singen entwickelt sich das innere Ohr des Schülers und damit die Voraussetzung zu intonationsreinem Spiel. Im Cello-Bär ist alles singbar, mittels der Rhythmussprache sogar die Strich- und Rhythmusübungen.

Der Anfang mit Kindern im Alter von 4-6 Jahren

Wegen der noch geringen Konzentrationsfähigkeit bei Frühanfängern sollte der Anfangsunterricht zweimal wöchentlich etwa 20-30 Minuten dauern, dann eventuell mit den dazukommenden Unterrichtsinhalten anwachsen und nach einem halben Jahr auf einmal wöchentlich 45 Minuten ausgedehnt werden.

Da das Kind noch nicht gewohnt ist, selbständig zu arbeiten, ist zur Überwachung seines Spiels unbedingt die Mitarbeit der Eltern notwendig. Einer der Eltern, meistens die Mutter, muß nicht der gesamten Unterrichtsstunde beiwohnen, sollte aber gegen Ende der Stunde in den Unterrichtsraum kommen, um zu erfahren, was im Unterricht erarbeitet wurde und an welche wichtigen Details das Kind zu Hause erinnert werden soll.

Schüler im Schulalter

Auch Schulkinder spielen die Lieder und Stücke des „Cello-Bären" mit viel Freude. Da ihr Lerntempo meist schneller ist als das der Vorschulkinder, kann der Lehrer je nach Begabung des Schülers den 1. Band zügiger durchnehmen, Bogen- und Rhythmusübungen aber dann noch während der Arbeit mit Band 2 eine zeitlang beibehalten.

Im folgenden gebe ich methodisch-didaktische Kommentare zu den Heften des „Cello-Bären". Alles Geschriebene kann aber nur für den Intellekt bestimmt sein, Worte allein sind letzten Endes tot. Die „Seele" der Musik wird nur durch die Phantasie und Begeisterungsfähigkeit des Lehrenden aufgedeckt. Der methodische Weg dorthin ist nicht beschreibbar: Der Lehrer sei deshalb ermuntert, alles im „Cello-Bär" Geschriebene als Anregung und Ansatzpunkt für weiterführende Übungen anzusehen und mit jedem Schüler einen eigenen „Cello-Bären" zu schaffen!

Übersicht über die Lerninhalte von Band 1

Übungen für die Bogenhand

Ganzarmbewegung: Eisenbahn, Aufzug, Mühlrad

Handgelenkbewegung: Schranke, Scheibenwischer, winken

Fingerbewegung: Froschrennen, Schlange, Klimmzug

 = ziehen (Abstrich)   V = schieben (Aufstrich)

Der Baßschlüssel und die 4 leeren Saiten

A   D   G   C

Die Rhythmusworte

Die Taktarten

Der 2-er Takt besteht aus 2 Rhythmusworten, z.B.:

Der 4-er Takt besteht aus 4 Rhythmusworten, z.B.:

Übersicht über die Lerninhalte von Band 2

Crescendo und decrescendo

Notenwerte

halbe Note   Dreischlagnote   ganze Note

Tonleitern

C-Dur

G-Dur

D-Dur

Einzelhinweise zu Band 1

Der 1. Band gliedert sich in zwei Teile:
1. Kennenlernen des Cellos – improvisatorischer Einstieg mit leeren Saiten (S. 1 - 27)
2. Erlernen einer Rhythmussprache und deren Übertragung auf die leeren Saiten – Vorbereitende Übungen für die linke Hand und erstes Greifen der Rufterz (S. 28 - 48)

Das Unterrichtsziel der ersten Zeit besteht darin, ein freies Streichgefühl mit dem ganzen Arm auf leeren Saiten zu erreichen.

Durch die Schwungbewegung wird der Körper durchlässiger und freier, Verkrampfungen werden von vornherein abgebaut und das Gefühl für schwingende, dynamische Bewegungen, aus denen organisches Instrumentalspiel besteht, wird von Anfang an unbewußt gefördert. Außerdem kann das Kind, da seine Aufmerksamkeit nicht auf eine mathematisch genaue Einteilung seines Bogen gerichtet sein muß, sondern auf das klangliche Ergebnis seiner Streichbemühungen, von Anfang an viel leichter ein emotionales Verhältnis zu seinem Instrument entwickeln.

Erst später, wenn die Bogenführung durch Bogenübungen und improvisatorisches Spiel auf leeren Saiten selbstverständlicher geworden ist, wird die linke Hand eingeführt.

Seite 6–7

Übungen für die Bogenhand

Dem ersten Streichen sind 9 Bogenübungen als motorische Vorübungen zum Gebrauch des Bogens vorangestellt. Diese Übungen sind nicht dazu gedacht, die ersten Cellostunden auszufüllen, sondern sollen als begleitende Übungen während des Unterrichts etwa ein halbes Jahr eingesetzt und je nach Bedarf auch während des Unterrichts mit Band 2 wiederholt werden.

Die Übungen werden für das Kind mit verschiedenen Tätigkeiten und Gegenständen aus seiner Umwelt gleichgesetzt. So aufbereitet erscheinen die „Trockenübungen" dem kleinen Schüler nicht mehr abstrakt.

Die Bogenübungen schreiten fort von Ganzarmbewegungen über Bewegungen mit Teilen des Arms und der Hand zu feinmotorischen Bewegungen mit den Fingern. Sie werden der Reihe nach besprochen, wobei der Lehrer pro Unterrichtseinheit eine neue Übung dazunimmt – später werden jeweils mehrere Übungen ausgewählt.

Sobald der Schüler die jeweilige Übung gut beherrscht, hat die rein mechanische Wiederholung keinen Sinn mehr. Jetzt sollte der Lehrer gezielt auf Probleme des Schülers eingehen (natürlich ganz spielerisch!) und auch die Übung variieren.

Übung Nr. 2, 3, 6, 9 führt der Schüler zunächst (bis er die Bogenhandhaltung lockerer und selbstverständlicher beherrscht,) beidarmig aus, d.h. die linke Hand unterstützt während der Übung die Bogenspitze, so daß die rechte Hand vom Bogengewicht entlastet wird, der Schüler sich damit besser auf die lockere Bogenhaltung konzentrieren kann.

1. „Eisenbahn": Streichbewegung auf der Bogenstange

Der Schüler sitzt wie beim Cellospielen auf dem Stuhl. Der Bogen liegt auf seinen Beinen, Haare nach unten. Die Fingerspitzen berühren die Bogenstange, der Daumen steht in seiner natürlichen Stellung dagegen. Der Arm, leicht proniert, schiebt die Hand in dieser Stellung entlang der Bogenstange zur Spitze und zieht sie, etwas supiniert, zum Frosch.

Wichtig: Pronation des Arms beim Aufstrich (schieben),
Supination beim Abstrich (ziehen).

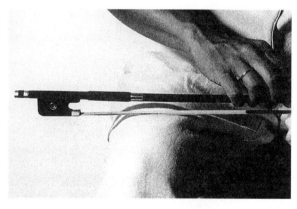

Bewegung des Arms beim „Ziehen" ...

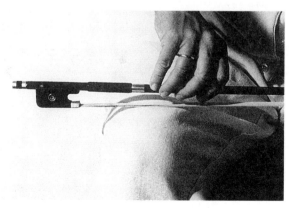

... und beim „Schieben" der Eisenbahn

2. „Aufzug": Das Gefühl für das Bogengewicht wird entwickelt

Im Sitzen wird der Bogen im richtigen Bogengriff in Ganzarmbewegung gehoben und gesenkt, ohne den Platz der Fingerspitzen am Bogen zu verändern. Er wird auch vom Boden aufgehoben („Kellergeschoß"), die Hand mit Bogen hängt dabei locker am Arm.

Etwa in der normalen Spielhöhe haben Hand, Handgelenk und Arm Spielstellung, in Schulterhöhe ist das Handgelenk flach.

Wichtig: Die Bogenhaare sind während der Übung zum Boden gerichtet!

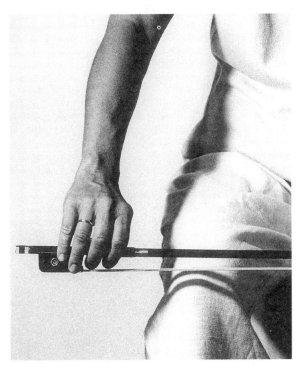

Aufzug im „Erdgeschoß"

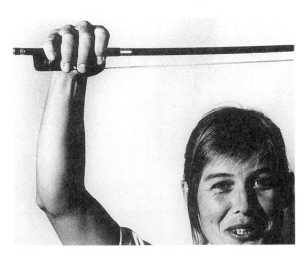

Aufzug auf dem „Dachboden"

3. „Mühlrad": Ganzarmkreisen mit Bogen

Diese Übung soll das Schultergelenk lockern und durchlässig machen. Von der Spielstellung aus beschreibt der Arm mit Bogen in richtiger Bogenhaltung Kreislinien.

Wichtig: Während des Armkreisens dreht sich die Bogenhand nicht mit. Die Bogenhaare sind immer zum Boden gerichtet!

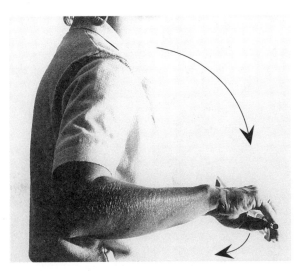

„Mühlrad"

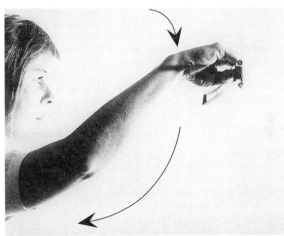

„Mühlrad"

4. „Schranke": Übung zur Supination und Pronation des Unterarms

Der Schüler sitzt, der Bogen liegt auf seinen Beinen und wird im richtigen Griff gehalten. Die Schranke öffnet sich, wobei der Schüler den Frosch des Bogens auf dem Bein aufgestützt läßt und die Bogenspitze durch Supination des Unterarms um 90 Grad nach oben dreht. Die Schranke schließt sich wieder durch Pronation des Unterarms.

Wichtig: Die Finger liegen ganz locker am Frosch. Sie müssen den Bogen nicht tragen, da der Frosch aufgestützt ist!

7

„Schranke" in geöffneter Stellung

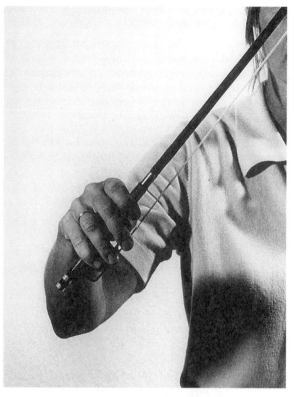

„Scheibenwischer" mit proniertem Arm

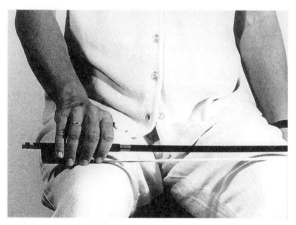

„Schranke" in geschlossener Stellung

5. „Scheibenwischer": Schwungvolle Pronation
   und Supination des Arms mit Bogen

Diese Übung hat das gleiche Prinzip wie die
Übung „Schranke". Hier jedoch wird der Frosch
nicht abgestützt, die Bewegung vollzieht sich in
der Luft, der Arm muß den Bogen tragen. Die
Bewegung des „Scheibenwischers" ist schwung-
voller als die der „Schranke".

Der Lehrerbogen kann als 2. Scheibenwischer,
parallel zum Schülerbogen fungieren. So kann
der Lehrer das Tempo der Bewegung steuern
und variieren.

Wichtig: Die Bogenstange dreht sich während
          der Übung nicht!

„Scheibenwischer" mit supiniertem Arm

6. „Winken": Übung zur Bewußtmachung des Handgelenks

Der Schüler hält den Bogen im Bogengriff. Zur sensomotorischen Wahrnehmung des Handgelenks „winkt" er mit Hand und Bogen.

Wichtig: Die Finger verändern ihre Position am Frosch des Bogens nicht, nur das Handgelenk bewegt sich. Die Bogenhaare sind einmal nach unten, einmal nach vorne gerichtet.

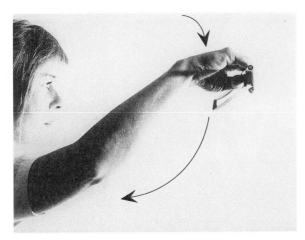

„Winken"

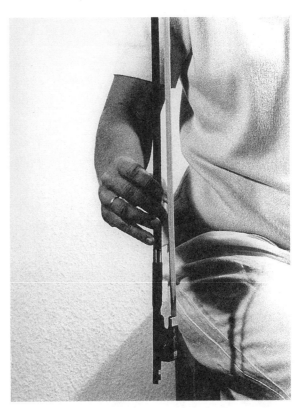

„Froschrennen"

7. „Froschrennen": Übung zur Entwicklung der Feinmotorik, der Fingerkraft und -geschicklichkeit

Der Schüler sitzt. Er hält den Bogen mit dem gleichen Griff wie bei der Übung „Eisenbahn" an der Stange, jedoch senkrecht. Bei ganz kurzem Loslassen gleitet der Bogen ein Stück entlang der Fingerspitzen und wird dann wieder fest gegriffen. Zum Frosch zurück soll der Schüler sich mit der rechten Hand hangeln, ohne die linke Hand zu Hilfe zu nehmen. Wer ist am schnellsten?

8. „Schlange": Übung zur Fingerbeweglichkeit

Diese Übung soll die beiden „Stützpfeiler" der Bogenhand, den 1. und 4. Finger bewußt machen.

Der Schüler sitzt und hält den Bogen in Spielhöhe. Dadurch, daß einmal der kleine Finger gegen den Frosch drückt, einmal der Zeigefinger gegen die Stange, bewegt sich die Bogenstange etwas nach vorne und zurück. Ring- und Mittelfinger bleiben locker am Frosch liegen.

Wichtig: Diese Übung ist ziemlich schwierig und wird am Anfang noch nicht mit einer sichtbaren Bewegung der Bogenspitze beherrscht. Der Schüler soll versuchen, je nachdem, ob der 1. oder der 4. Finger die Schlange bewegt, den jeweils anderen ganz locker zu lassen ohne den Arm mitzudrehen!

„Froschrennen"

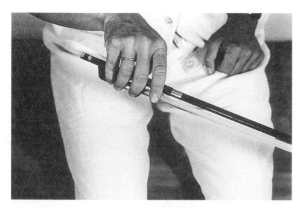

"Schlange", während der kleine Finger gegen den Frosch drückt.

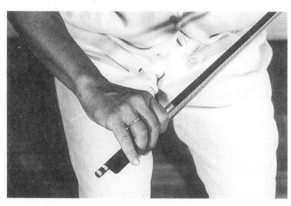

"Schlange", während der Zeigefinger gegen die Bogenstange drückt.

9. "Klimmzug": Fingerbeweglichkeit in den Gelenken

Der Schüler sitzt und hält den Bogen im richtigen Griff etwa in Spielhöhe. Wie beim Klimmzug die Arme werden jetzt die Finger stark gebeugt und gestreckt, ohne den Bogengriff zu verlassen.

Wichtig: Die Übung ist für den Anfänger sehr anstrengend und darf nicht zu lange geübt werden, um den Schüler nicht zu verkrampfen!

Die Übungen 8 und 9 sollten erst geübt werden, wenn der Schüler die anderen Übungen gut beherrscht. Den richtigen Zeitpunkt hierfür entscheidet die Lockerheit, mit der der Schüler den Bogen halten kann.

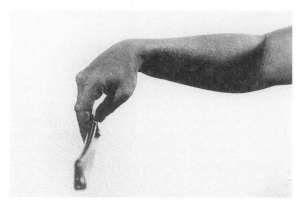

"Klimmzug"

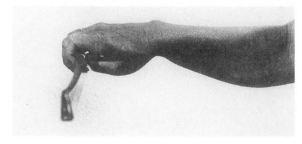

"Klimmzug"

Seite 8

Dem Zupfen der Namen soll das Klatschen mit gleichzeitigem Sprechen oder Singen vorausgehen, um dem Schüler die motorische Aktion im Sprachrhythmus selbstverständlich zu machen. Der Sprachrhythmus dient einerseits dazu, Rhythmus und Metrum zu festigen, andererseits kann durch das gleichzeitige Sprechen und Spielen ein inneres Verbundensein von Spieler und Instrument gefördert werden.

Ratespiele und Nachzupfen von kurzen Rhythmen, als Namen getarnt, können diese Übungen ergänzen.

Seite 9

Die Bezeichnungen "ziehen" und "schieben" für Ab- und Aufstrich veranschaulichen bildlich das Streichgefühl mit dem ganzen Arm, verhindern ein Drücken und damit Kratzen und schaffen so schneller ein Bogenkontaktgefühl, das nur aus einer lockeren Bogenhaltung und -führung erwachsen kann: "Ziehen" und "schieben" sind Schwungbewegungen und können freies Streichen und fließende Bogenwechsel vorbereiten. Der Lehrer führt den Schülerarm mit dem Bogen über die Saiten und vermittelt dadurch über die Sensomotorik das Gefühl von "ziehen" und "schieben", gleichzeitig auch das Tongefühl und das optimale akustische Ergebnis auf dem Schülercello. Auch können Hinweise auf die Übung "Eisenbahn" den Schüler zu größerer Lockerung führen.

Hat der kleine Schüler mit dem Bogengriff am Frosch noch zuviele feinmotorisch bedingte Schwierigkeiten, sollte er zwar die Bogenübungen wie beschrieben durchführen, kann jedoch beim ersten Streichen zunächst den Barockgriff (Griff in richtiger Bogenhandhaltung am Bogenschwerpunkt) anwenden.

Seite 10

Der Saitenwechsel wird in das Spielen von Namen, Nachnamen, Tiernamen usw. miteinbezogen. Er soll auf die allereinfachste Weise erklärt werden: Vorerst muß der Schüler nur wissen, daß er erst auf einer neuen Saite zu streichen beginnen darf, wenn der Bogen schon fest auf dieser Saite liegt.

Seite 11–13

Die ersten Lieder

Dem Singen der Gedichte und Zupfen (später Streichen) auf den leeren Saiten soll ein Singen und Klatschen im Sprachrhythmus vorausgehen. Eine Erweiterung der Aufgabe ist möglich, indem man die anfänglich nur auf einer Saite gestrichenen Gedichte je nach Vorstellung des Kindes mit Saitenwechseln versieht. Beispiel:

Der große Hund

Morgens früh

Jakob Zottelbär

Gleich von Anfang an sollte der Lehrer das Nachsingen der Töne der leeren Saiten mit dem Schüler üben und ihn auch vorsichtig korrigieren (ein Hinweis „Hör mal genau hin, ob Du singst, was Du spielst?" genügt oft). Da die Lage der kindlichen Singstimme über der Tonhöhe des Cellos liegt, ist es für die Kinder oft ein längerer Prozeß, auf Anhieb den „richtigen Ton" zu treffen, aber gerade deshalb auch eine gute Sensibilisierungsübung für das noch ungeübte Gehör.

Das Lied „Die kleine Hexe" hat noch drei weitere Strophen:

Morgens früh um zehn holt sie Holz und Spän'.

Morgens früh um elf kocht sie bis um zwölf.

Fröschebein und Krebs und Fisch, hurtig Kinder kommt zu Tisch.

Mit Kindern, die noch Schwierigkeiten haben, im Sprechrhythmus zu klatschen und zu spielen, übt der Lehrer weitere kurze Kinderreime.

Beispiele:

Du und ich, ich und du,
wer das Geld hat, kauft die Schuh.

Bim bam brommel,
die Katze schlug die Trommel.

Ene mene muh und
draus bist du.

Seite 14

Die Bärengeschichte

Dieser Teil bietet Unterrichtsstoff für einen Zeitraum von etwa 6–8 Wochen. Als instrumentales Ziel dieser „Geschichteepoche" steht, daß der Schüler sich auf sehr viele verschiedene Arten mit dem Bogen auf den leeren Saiten bewegt und so, ohne daß viel darüber gesprochen wird, ein Gefühl für Bogengeschwindigkeit, Bogengewicht, Saitenabstand, Strichrichtung entwickelt.

Für das Kind soll die klangliche Phantasie im Vordergrund stehen. Mit dem Lehrer zusammen „erfindet" es zu jedem Bild der Geschichte eine Musik, „seine" Musik, der es seinen Gefühlen entsprechend Ausdruck verleiht (der Ausdruck wird meist mangels Bogentechnik unhörbar bleiben, wichtig ist aber die Intention des Schülers). Um alles Tonliche in diesem Unterrichtsabschnitt emotional zu erleben – denn um es bewußt zu steuern ist das Kind noch zu jung – muß es sich hier vollkommen mit der Geschichte, dem Bärenkind und somit mit dem Cello identifizieren.

Deshalb ist es sehr wichtig, daß es dem Lehrer gelingt, die Figur des „Cellobären" im Kind lebendig erstehen zu lassen.

Ein methodisches Fortschreiten entsprechend meinen Vorschlägen oder einem Plan des Lehrers steht hinter der Freiheit der Klangerfindung des Schülers zurück. Er soll mit dem Cello, auf dem Cello spielen und dabei ganzheitlich in die Handlung eingebunden bleiben.

Im Folgenden will ich meine Vorschläge zur Musikuntermalung der Geschichte beschreiben, um ein Beispiel eines methodischen Aufbaus im Voranschreiten der technischen Schwierigkeiten zu geben. Der Lehrer kann auch einen eigenen Plan entwickeln. Seiner Phantasie und der des Schülers sind keine Grenzen gesetzt, andere Musikbeispiele zu erfinden, denn nur unter Einbeziehung sehr viel eigener Phantasie wird die Bärengeschichte für den Schüler lebendig.

Die einzelnen Bilder der Geschichte werden in jeder Stunde wiederholt und korrigiert. Diese häufige, zum Selbstverständlichwerden der verschiedenen Bogenbewegungen notwendige Wiederholung macht dem Kind sehr viel Spaß, wenn es die Geschichte durch lebendige, ausschmückende Erzählung jedesmal neu erlebt.

Am Ende der Geschichte soll nicht eine perfekte Beherrschung der verschiedenen, in ihrer exakten Ausführung zum Teil schwierigen Stricharten stehen. Der Lehrer sollte vielmehr durch viele Wiederholungen hindurch ein für den jeweiligen Schüler erreichbares Ziel ansteuern.

Alle erfundenen Motive werden unter das entsprechende Bild „zur Erinnerung" notiert. Hier muß der Lehrer eventuell Notenlinien ziehen. Unbewußt bleibt dem Schüler so das Notenbild, die Reihenfolge der Noten von links nach rechts im Gedächtnis haften, vielleicht lernt er schon langsam, Notenbild und Klang zu verbinden. Der Lehrer soll aber nicht darauf hindrängen, sondern obengenannte Gedächtnisleistung der Entwicklung des Schülers überlassen. Vielleicht hat der Schüler ja auch eigene Ideen zu einer graphischen Notation der Motive?

Seite 15

Vorschlag:

tip - tap, tip - tap...

Einfaches, freies Streichen mit Saitenwechsel, assoziiert mit dem Schritt des in die Welt tappenden Bären, trägt dazu bei, ein gleichmäßiges Metrum zu erreichen.

Seite 16

Vorschlag:

Rin - de Rin - de Rin - de Gän-se - blüm-chen...

Die angegebenen Worte im Sprechrhythmus zu spielen ist schon eine Vorübung für die Rhythmussprache im 2. Teil des Heftes. Wichtig ist, daß der Schwerpunkt der rhythmischen Figur ( oder) etwas betont wird, („man muß den Anfang der Worte verstehen").

Seite 17

Vorschlag:

Durch die Gleichmäßigkeit des „Hinunterrollens", das de Schüler zunächst nur mit seinem Arm, ohne Bogen nachahmt, wird der regelmäßige Saitenabstand erfahrbar gemacht. Gleichmäßige Saitenwechsel über 4 Saiten auf einem Bogen stehen am Ziel dieser Übung. Der Beginn jedes neuen Bogenstrichs sollte metrisch nicht festgelegt sein, um dem Schüler immer wieder neu Zeit zu geben, den Bogen richtig zu fassen und sich neu auf die Aufgabe zu konzentrieren.

Seite 18

Vorschlag:

Bär-chens Freund,...

tip - tap, tip - tap

Bei „Bärchens Freund" ist die Strichrichtung, spielt man die Figur öfters hintereinander, jedes Mal spiegelverkehrt zum vorhergehenden Mal. Der Lehrer sollte dies dem Schüler klarmachen, eventuell auch schon Hinweise zur Bogeneinteilung geben.

Die bildliche Vorstellung, „Waschbär und Bär gehen gemeinsam weiter" führen zum ersten zweistimmigen Spiel.

Blumenpflücken

Vorschlag:

Fr.

Die kurzen Abstriche am Frosch können nur dann klangvoll ausgeführt werden, wenn der Schüler den Bogen nicht „festhält". Er legt ihn am Frosch auf die Saite, wobei der Frosch nur so festgehalten wird, daß der Bogen nicht herunterfällt. Darauf zieht der Arm in dieser lockeren Bogenhaltung den Bogen ein kleines Stück (Beispiel: Blumenpflücken – wie wenn man ein Gänseblümchen zart abpflückt). Man kann alle Arten von Blumen pflücken, bis man einen großen Strauß hat.

Vorschlag:

Diese Übung ist zur Lockerung des Handgelenks und des Arms gedacht. Der Strich beginnt am Bogenschwerpunkt und bewegt sich zunächst nur im mittleren Bogendrittel. Mit der Vorstellung, gleichmäßige „Wellen" des Bachs hörbar zu machen, wird die Strichlänge sukzessiv bis zur Bogenspitze erweitert. Das Gefühl dafür, mehrere Noten auf einem Bogenstrich zu binden, lernt der Schüler am schnellsten, wenn der Lehrer ihm immer wieder den Arm führt. Man kann bei dieser schwierigen Strichart keine Perfektion vom Schüler erwarten, sollte diese jedoch als Ziel anstreben.

Vorschlag:

Die Bewegung des Arms wie die einer Wippe führt zum bewußteren gebundenen Saitenwechsel.

Hochklettern
Vorschlag:

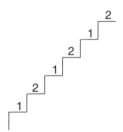

Der Lehrer sollte nun beginnen, sich motorische Vorübungen für die linke Hand auszudenken. In dieser Übung soll der Schüler, mit noch wenigen Haltungskorrekturen, das Gefühl erleben, die Cellosaiten unter den Finger zu spüren (die Saiten müssen nicht hinuntergedrückt werden!). Das „Hinaufklettern", das ja umgekehrt zur räumlichen Richtung geschieht und eigentlich mehr ein „Hinaufrutschen" ist, darf der Schüler ausführen wie er will (evtl. 1-2, 1-2... oder 2-3, 2-3... der Lehrer kann hier viele zusätzliche Fingerspiele einfügen) Es ist auch ein aufregendes Spiel, als Ziel des „Hinaufkletterns" natürliche Flageolett-Töne zu suchen.

Vorschlag:

Es macht dem Schüler sehr viel Spaß, für das „Wegsausen" wie vorher die Glissandotechnik anzuwenden.

Damit er die Schwierigkeit meistern lernt, beide Hände gleichzeitig zu gebrauchen, streicht oder greift der Lehrer zunächst auf dem Schülercello, während der Schüler im Gegensatz dazu greift oder streicht. Der nächste Schritt ist umgekehrt.

Nun führt der Lehrer die Schülerhand beim Streichen, während der Schüler das Glissando mit der linken Hand ausführt. Daraufhin kann der Schüler versuchen, Glissando und Streichen gleichzeitig auszuführen. Das Glissando sollte sich etwa im Bereich der ersten bis vierten Lage bewegen, da die Saiten in höheren Lagen nur mit großem Kraftaufwand herunterzudrücken sind.

„Fisch" mit ♩ ist ein Vorgriff auf die Rhythmussprache im 2. Teil des 1. Bandes.

Vorschlag:

Hier wird das Hebelgewicht und die Armkraft beim Aufstrich an der Spitze geübt.

Die erste Note auf der tieferen Saite wird immer länger, die Strichstelle zum Beginn des Aufstrichs verlagert sich immer näher zur Spitze hin, das Hebelgewicht des Arms wird immer größer („der Bär nimmt jedes Mal mehr Anlauf, die Willensanstrengung beim Absprung wird immer größer). Mit der bildlichen Assoziation verbunden, soll der Lehrer den Bären so oft mit „hau-ruck" springen lassen, bis er merkt, daß die Übung für das Kind kraftmäßig anstrengend wird. Das Rennen des Waschbärs kann auch noch in Musik umgesetzt werden, indem das Waschbärmotiv schneller gespielt oder es durch verschiedene Tonrepetitionen variiert wird.

Vorschlag:

Der ganze Bogen wird benutzt, indem in Portatotechnik zwei Striche in gleicher Richtung ausgeführt werden.

Ich möchte hier noch einmal betonen, daß es bei den schwierigen Stricharten der Geschichte nicht auf perfektes Spiel ankommt. *Der Lehrer sollte aber, je nach Begabung des Schülers ein in der jeweiligen Strichart für den Schüler erreichbares Ziel vor Augen haben.* Der Fortschritt des Schülers in den einzelnen Motiven wird sich evtl. über mehrere Wochen hinziehen, da die Geschichte immer in ihrer Ganzheit behandelt wird.

───────────┤ Seite 24–27 ├───────────

Wir lernen Noten

Auch wenn der Schüler noch nicht lesen kann, so kann er doch schon lernen, das Notenbild der leeren Saiten zu erkennen und später auch, dem Notenbild bestimmte Griffkonstellationen zuzuordnen. Mit dem „Lernen" der 4 leeren Saiten kann man seiner Ungeduld (und auch der der Eltern), Noten zu lernen entgegenkommen, und hat gleichzeitig ein Verständigungsmittel, Rhythmen zu notieren und damit unendliche Variationsmöglichkeiten, den Schüler auf leeren Saiten spielen zu lassen, ohne ihn zu langweilen (Weiteres zu Thema Noten, siehe S. 16, 17 und 19)

───────────┤ Seite 28 ├───────────

Hier beginnt nun der zweite Teil des 1. Bandes „Der Cello-Bär", in dem schwerpunktmäßig eine Rhythmussprache vorgestellt wird. Außerdem wird ab S. 32 die linke Hand mit Vorübungen eingeführt.

Die Einheit jeder Cellostunde, trotz Unterteilung in verschiedene Unterrichtsphasen – im Heft gut sichtbar dargestellt, – führt zu einem ganzheitlichen Erlebnis, das sich in Richtung des instrumentalen Erlebnisses verlagert. Das Kind erfährt, daß das Musizieren auf dem Cello aus einer Fülle von Einzelaspekten besteht. Der Lehrer beläßt diese Erkenntnis aber noch im Unterbewußtsein des Kindes und läßt es jede Cellostunde als Spiel mit den verschiedenen Aspekten des Cellospiels erleben.

Jede Doppelseite des 2. Teiles des „Cellobärs" stellt die Unterrichtseinheit von einer Cellostunde und des dazugehörigen wöchentlichen Übepensums dar (bei zweimaligem kürzeren Unterricht pro Woche muß das Pensum halbiert werden!). Die Stunden sind gut sichtbar aufgeteilt in Rhythmusübungen, Strichübungen, Lieder auf leeren Saiten, erste Fingerspiele und Greifübungen.

Die Rhythmussprache

Eine Rhythmussprache zum besseren Erlernen der Notenwerte wird in allen Lehrmethoden für frühmusikalisches Lernen angewandt, da eine rhythmische Figur mit unterlegter Sprechform für jüngere Kinder besser nachvollziehbar ist als ein reiner Rhythmus ohne Text.

Die hier angewandte Rhythmussprache besteht aus Worten, die einzelne Rhythmusmotive mit dem Grundwert einer Viertelnote darstellen und die Notenwerte Viertel (+ Viertelpause), Achtel und Sechzehntel erfassen. Aus diesen Rhythmusmustern kann man beliebig alle Taktarten mit dem Metrum „Viertel" zusammensetzen.

Schon frühzeitig wird der junge Cellist mit Achtel- und Sechzehntelnoten und Kombinationen aus beiden konfrontiert und kann durch die Rhythmussprache spielerisch das Umgehen mit denjenigen Notenwerten lernen, die ihm in der Literatur und im Orchester später begegnen. Durch die Rhythmussprache werden jedoch schon jetzt Taktgebilde deutlich und besser strukturiert, bald kann der Schüler den rhythmischen Gestus der Motive ohne den Umweg über die Sprache klar erfassen. Zum Erfassen schwieriger Rhythmusmodelle im Sprachrhythmus (z.B. punktierte Noten, Triolen, Synkopen) ist die deutsche Sprache schlecht geeignet. Diese Rhythmen werden später ohne den Umweg über Sprachrhythmus im Taktgefüge erklärt.

───────────┤ Seite 28–29 ├───────────

Die Rhythmussprache wird vorgestellt. Genau wie bei den Bogenübungen zu Beginn des Heftes sollen auch hier nicht alle Modelle in einer Stunde besprochen werden. In der 1. Stunde werden ♩ und ♫ behandelt und pro Stunde ein bis zwei neue Muster dazugenommen. Das Kind kopiert die Kärtchen und schneidet sie aus (mindestens zweimal) oder bastelt sich pro Modell mindestens zwei Karten auf dickerer Pappe. Die Kärtchen als Unterrichtsmittel helfen dem Kind, Rhythmen darzustellen und ermöglichen viele zusätzliche Spiele (Domino, Memory...).

Parallel zur Besprechung der Rhythmusmodelle beginnt der Lehrer den Unterricht mit Seite 30.

───────────┤ Seite 30–31 ├───────────

Zu einem festen Bestandteil jeder Stunde, und auch bald der Hausaufgaben, wird das Zusammensetzen eines Rhythmus mit den schon gelernten Bausteinen: Das Kind stellt ein „Essen" für den Bären zusammen, indem es selbst ausgewählte Rhythmuskärtchen nebeneinander auf den Notenständer legt. Der Rhythmus wird gesprochen, geklatscht und auf einer beliebigen leeren Saite gespielt. Anschließend darf der Schüler den Rhythmus im 2/4 Takt notieren (Taktstrich = Teller voll). Hier kann der Lehrer leicht zusätzliche Aufgaben finden.

Das Wichtigste bei den Rhythmusübungen ist, daß die Genauigkeit der Rhythmuswiedergabe durch Sprechen und Klatschen und die freie Rhythmuszusammenstellung des Kindes zunächst Vorrang vor dem exakten, bogentechnisch mitunter recht schwierigen Spiel auf dem Cello hat. Der Lehrer kann die bogentechnischen Fortschritte des einzelnen Schülers am besten beurteilen und ihn dann darin entsprechend fördern. Bogentechnisch und klanglich optimal sollten die rhythmisch einfacheren Strichübungen, wie z.B. auf S. 33 und 39 unten, ausgeführt werden.

Sehr wichtig ist es, die Rhythmuszeilen mindestens einmal zu wiederholen, um die metrische Gleichmäßigkeit zu üben und das rhythmische Gefühl zu fördern. Bei besseren Schülern kann der Lehrer auch versuchen, 2-stimmiges Rhythmusspiel einzuführen.

- Da das Lied von der Raupe Nimmersatt mit Auftakt beginnt, muß es bogentechnisch mit Aufstrich beginnen. Der Lehrer erklärt die graphischen Zeichen für Ab- und Aufstrich, ziehen und schieben, und trägt sie mit dem Schüler in die Noten ein.

Seite 32–33

Die linke Hand

- Die linke Hand des Schülers liegt auf dem Papier und wird mit einem Bleistift umfahren (die Finger sind etwas gespreizt). Die Finger werden mit den dazugehörigen Ziffern bezeichnet.

Seite 33

- *Die Finger*: Hier sollen die Finger in die korrekte Spielhaltung gebracht werden.
- In der Strichübung sollen die Achtel klangvoll und deshalb schwungvoll gestrichen werden.

Seite 35

„Auf die Saite picken" (Aufklopfen der Finger) führt neben einer Kräftigung der Finger dazu, daß der Schüler das Gefühl dafür bekommt, wie die Cellosaite sich unter dem Finger anfühlt und wieviel Kraft nötig ist, sie hinunterzudrücken. Dieses Spiel darf nicht zu lange hintereinander geübt werden, da die Schülerhand noch schnell ermüdet und dann verkrampft. Lieber öfters kurz wiederholen!

Seite 36

Der kleine Schüler wird langsam mit der richtigen musikalischen Terminologie vertraut gemacht. „Bärchens Essen" heißt von nun an „Rhythmus".

Aus „Vogelspielen" werden „Fingerspiele" (auf korrekte Handhaltung ist zu achten!)

Das Rutschen auf einer Saite soll helfen, die Position des linken Daumens bewußt zu machen (Finger noch locker aufsetzen, nicht drücken!). Diese Übung sollte auch mit den anderen Fingern und dem Daumen geübt werden. Außerdem kann dieses Fingeraufsetzen auch blind geübt werden. Eine tolle Übung, die das Griffgefühl fördert und für Kinder ein lustiges Spiel bleibt!

Seite 37

Das Geheimnis:

Notenzeilen still zu lesen fördert das innere Hören. Solche Spiele sollten später deshalb dem ersten Spielen einer Übung oder eines Liedes oft vorangestellt werden.

Zu erkennen, daß der im System notierte Rhythmus (S. 37 unten) derselbe ist wie „Das Geheimnis" ist für kleinere Schüler eine sehr schwierige Transferleistung, zu der der Lehrer meist hinlenken muß.
Auf S. 36 und 37 wird kein neues Lied gelernt. Der Schüler singt und begleitet „Bruder Jakob" in D-Dur: Er beginnt das Lied mit dem Anfangston d zu singen und zupft oder streicht dazu eine Begleitung in Viertelnoten d-a-d-a. Mit dem Grundton und der Quinte kann der Schüler bei den meisten Kinderliedern seinen Gesang mit dem Cello begleiten – eine gute Übung für rhythmische Unabhängigkeit!

Seite 38

Der Kuckucksruf (3. Finger)

- Die Ruferz wird hier als erstes zu greifendes Intervall eingeführt, da sie einerseits zu den für Kinder leicht singbaren Intervallen gehört, andererseits der dritte Finger als erster gegriffener Finger einer korrekten Handstellung durch seine Mittelachsenwirkung entgegenkommt.
Das saubere Greifen des „Kuckuckstons" und das anschließende Zupfen beinhaltet für den jungen Schüler eine Fülle von Koordinations- und Kraftproblemen. Gerade bei sehr kleinen Schülern ist der Lehrer leicht geneigt schnell aufzugeben oder ungeduldig zu werden.

Das vorerst größte Problem ist das Kraftproblem beim Aufsetzen des 3. Fingers (Hier muß der Lehrer erklären: das Aufsetzen des 3. Fingers = Aufsetzen der ersten drei Finger). Infolge der lockeren Entspanntheit des jungen Schülers dauert es oft mehrere Wochen, bis er die Saite so fest herunterdrücken kann, daß seine gezupfte Terz klingt.

Leider kommen dann noch zusätzliche Probleme wie das Aufsetzen der Hand und Finger in Spielhaltung, das Auffinden der richtigen Stelle der 1. Lage, was wiederum nur in der Aktionsfolge *singen-zupfen-hinhören-korrigieren* möglich ist. Evtl. sollte man für den ersten Anfang eine optische Orientierungshilfe für den 3. Finger (Tesafilm) anbringen! Gelingt dem Schüler die gestellte Aufgabe der gezupften Terz noch nicht sehr klangvoll, sollte der Lehrer ihm unbedingt Mut machen und im „Cellobären" fortfahren. Die Schwierigkeit ist im Konzept bedacht, es folgen noch weitere „Kraftübungen".

Als Vorbereitung zum Greifen der Rufterz singen Lehrer und Schüler viele vom Lehrer auf dem Cello gespielte Töne nach und ergänzen sie zum Kuckucksruf. Später versucht der Schüler mit Lehrerhilfe (zunächst!) die Töne der leeren Saiten nachzusingen und davon ausgehend die kleine Terz nach unten zu ergänzen. Die Transposition des Klangs der leeren Cellosaiten in die Singstimmenlage wird dem Schüler um so besser gelingen, je öfter er es mit dem Lehrer geübt hat.

─────┤ Seite 39 ├─────

Zur Erinnerung: Folgende Lieder auf leeren Saiten wurden gelernt:

Der große Hund	
Die kleine Hexe	Schülerheft S. 11-13
Jakob Zottelbär	
Glocken, die nicht klingen	
Das Bärenlied	Schülerheft S. 25-27
Die Raupe Nimmersatt	Schülerheft S. 30
Ach du großes Cello	Schülerheft S. 39

─────┤ Seite 41 ├─────

Das Spielen des Glissando („wegflutschen") ist eine Kräftigungsübung und eine Sensibilisierung für das Druckgefühl auf der Cellosaite.

Vor jedem Saitenwechsel sollte der Bogen zunächst in einer kurzen Pause angehalten und auf die neue Saitenebene gebracht werden, um den Vorgang des Saitenwechsels bewußt zu machen.

─────┤ Seite 42 ├─────

Die Notation des Liedes „Kuckuck..." muß dem Schüler nur bewußt gemacht werden, wenn er danach fragt. Dann aber unbedingt auf den Unterschied zwischen h und G (schon bekannte leere Saite) hinweisen, Kinder sehen diesen „kleinen" Unterschied meist nicht.

─────┤ Seite 43 ├─────

Die Taktart wird noch nicht als Bruch (2/4, 3/4, 4/4) wiedergegeben. „Takt" wird für jüngere Schüler besser faßbar, wenn er jeweils als Summe von bekannten Rhythmusmotiven dargestellt wird.

─────┤ Seite 45 ├─────

In der Strichübung ändert sich zu Beginn jedes Rhythmusmodells die Strichrichtung. Die Bogeneinteilung sollte jedoch nur dann bewußt gemacht werden, wenn der Schüler mit der Übung nicht zurecht kommt.

–   In der Strichübung sollte dem Schüler bewußt gemacht werden, den Saitenwechsel antizipiert zu vollziehen.

─────┤ Seite 46 ├─────

„Haselnuß hmm" ist die Vorübung zur folgenden Strichübung, da schnellere Saitenwechsel in der schwierigen Strichart noch in den Pausen vorbereitet werden müssen. Später sollte der Lehrer bei „Haselnuß" in durchgehenden Vierteln, oder einem, den Grundschlag variierenden Rhythmus mitspielen. Es ist ein lustiges Spiel für den Schüler – gleichzeitig ein Training seiner Metrumfestigkeit – sich in den Pausen nicht durch das Spiel des Lehrers „hineinlegen" zu lassen.

─────┤ Seite 47 ├─────

Die Töne für den 3. Finger (und auch für alle weiteren Finger) werden zunächst nicht mit dem Namen benannt (oder höchstens beiläufig, um unterbewußt dem Kind die Bezeichnungen einzuprägen), da dies für den Schüler noch zu abstrakt wäre. Am Anfang genügt es, wenn das Kind die geschriebenen Noten vom Notenbild in den Klang übertragen kann.

Hinweise zu Band 2

Dieses Heft unterscheidet sich schon äußerlich vom vorhergehenden 1. Band. Es besteht hauptsächlich aus Liedern, in normaler Notenschrift notiert. Das Hauptaugenmerk ist nun auf das Spiel von Noten und auf den Ausbau der linken Hand gerichtet. Kleine rhythmische Übungen, die jetzt nicht mehr selbst erfunden werden, sind Fortsetzungen der rhythmischen Spiele in Band 1.

Die Fähigkeit des Kindes, innerhalb der Ganzheit zu strukturieren, hat jetzt durch viele vorangegangene Übungen die Phase erreicht, in der es sich schon auf die einzelnen Finger der linken Hand konzentrieren kann. Auch ist die Bogenführung schon soweit selbstverständlich geworden, daß sie bei einfachen Rhythmen (4-tel und 8-tel) für den Schüler keinerlei Problem mehr darstellt und er seine Aufmerksamkeit mehr der linken Hand widmen kann. Der Ausbau der Grifftechnik steht also im Vordergrund dieses Heftes.

Zu bemerken ist auch, daß, um das Kind zum selbständigen Üben auf dem Cello zu führen, in diesem Heft wesentlich mehr Schüleranweisungen gegeben werden als im vorangegangenen Heft.

Auch in diesem Heft gibt es neben den Liedern Rhythmusübungen. Sie sind entweder rhythmisch-bogentechnisch anspruchsvoll, dabei in den Schwierigkeiten für die linke Hand einfach gehalten, oder aber die Übungen sind rhythmisch einfach, dafür in der Griffkonstellation problematisch. Auf alle Fälle soll der Lehrer auch wieder auf den Schüler zugeschnittene zusätzliche Beispiele finden.

Im zweiten Heft ist auf S. 37 eine einfache Form der tonalen Improvisation als Frage- und Antwortspiel vorgestellt und in anschließendem „Tanz" in einen musikalischen Zusammenhang eingebunden. Das Tonvorstellungsvermögen des Kindes wird sehr gefördert, wenn ähnliche Übungen immer wieder in den Unterricht eingestreut werden.

Über den Notentext der Lieder sollte der Lehrer nicht zuviele Fingersätz schreiben. Der Schüler darf nicht lernen „Zahlen" zu spielen, sondern, das geschriebene Notenbild in Klang zu übersetzen. Jedes neue Lied wird zuerst gesungen und dann die Noten mit den dazugehörigen Fingern benannt. Daraufhin versucht der Schüler, das Lied ohne darübergeschriebene Fingersätze zu spielen. Über Stellen, an denen er wiederholt den Fingersatz vergißt, wird als Gedächtnisstütze der richtige Finger geschrieben. So wird der notierte Fingersatz Hilfe zum Spiel und nicht Selbstzweck.

Seite 5

Ob der Lehrer die Noten schon mit den richtigen Namen benennt oder zunächst nur das Notenbild mit der Griffkonstellation verbindet, und später die Notennamen einführt, bleibt ihm überlassen. Auch wenn ich im „Cellobär" den zweiten Weg gewählt habe, sind beide Wege möglich.

Seite 7

Hier ist für den Schüler ein Beispiel gegeben, wie man das Üben strukturiert. Ähnliche Übungen sollte der Lehrer bei allen folgenden Stücken selbst erfinden.

Seite 9

„Wer ist's?" – Lösung: Pferd mit Reiter.

Seite 11

Die Brücke (1. Finger)

Das Greifen der „Brücke", der Quarte auf 2 Saiten, ist ein Weg, über das Singen und Hören eines bekannten Intervalls den Abstand vom 3. zum 1. Finger bewußt zu machen. Um der Fixierung des 1. Fingers entgegenzutreten folgen bald Übungen, in denen der 1. Finger entspannt wird (ab S. 15).

Seite 13

Die halbe Note wird vom Lehrer erklärt. Da lange Noten bogentechnisch schwieriger zu realisieren sind als kurze, werden sie erst jetzt eingeführt.

Der Weg über die Rhythmussprache wird übersprungen, da der Schüler nun langsam dazu vorbereitet werden kann, das Verhältnis der Notenwerte zueinander ohne Sprechtext zu erfassen.

Seite 15

„Brücke" auf einer Saite: Um vom Festhalten des 1. Fingers loszukommen folgen zunächst Lieder, in denen die Fingersatzfolge 3-1 auf einer Saite abwärts geübt wird. Hierbei sollte der Lehrer darauf achten, daß der Schüler lernt, von Finger zu Finger „Schritte" zu machen. (Vorstellungshilfe: Über eine große Pfütze gehen)

Wichtig ist hierbei das Vorbereiten der Distanz und „Hinstrecken" des einen Fingers und Entspannen des anderen, sobald der Erstere seinen Platz erreicht, also einen großen Schritt gemacht hat. Nur mit dieser Übung, bzw. der Vorstellung von „Fingerschritten" werden die Finger mit der Zeit nicht mehr so stark fixiert, die Hand wird elastischer.

Seite 19

X = Klopfen des Fingers auf die Saite. Dies wird bei der „Klopfbegleitung" zur Fingerkräftigung mit allen Fingern geübt.

Seite 20

Das Crescendo soll der Schüler im Spiel erleben, ohne daß das musikalische Zeichen dafür schon erklärt wird. Man kann auch das Weggehen des Müllers mit Decrescendo spielen...

Seite 23

Hier soll der Schüler das Crescendo- und Decrescendozeichen erkennen und bogentechnisch zu realisieren versuchen.

Seite 24–25

Als Variante der „Marktschreier" können die Melodien mit vorher festgelegten dynamischen Veränderungen gespielt werden.

Seite 27

Beim schnellen Spiel nicht repetierter Noten müssen die Finger die nächste Note vor dem Bogen erreicht haben. In verschiedenen Übeschritten wird der Schüler zum schnellen Spiel des Liedes geführt. Der Lehrer sollte von jetzt an diese technische Übung (Bogen anhalten – nächsten Finger aufsetzen – weiterspielen) zum festen Bestandteil des Übeprogramms des Schülers machen.
– Die ganze Note wird erklärt.

Seite 28

Der Lehrer sollte hier ohne mathematische Erklärungen kurz auf ♪ und ♪-Pausen eingehen. Es reicht, wenn er die Achtel als kurze Noten kennzeichnet, oder als einen Teil von „Rinde" (♫).

Seite 29

Der 4. Finger

Der 4. Finger wird nun auf der Grundlage der vorhergehenden Übungen für die linke Hand (S. 27/28) eingeführt. Die Übung soll auf allen Saiten gespielt werden. Damit sie nicht zu trocken wird, darf der Schüler die zu den Tönen der Übung passende Strophe des Liedes S. 30/31 spielen.

Seite 31

Der bewußte Schritt vom 1. zum 3. Finger ist notwendig, um den Abstand 1-3, der meist zu klein gegriffen wird, ins Bewußtsein zu heben und damit zu vergrößern.

Seite 34

Was Lehrer und Schüler bis jetzt hoffentlich schon oft praktiziert haben, nämlich gemeinsames zweistimmiges Spiel, wird hier erstmals in Partiturform notiert und ist der besseren Übersicht halber recht kurz. Der Schüler kann noch viele andere „Begleitstimmen" erfinden, wenn er jeweils andere Rhythmusworte in den angegebenen Harmonien spielt.

Seite 35

Lösung: Der Storch

Seite 36

Von einem weniger fortgeschrittenen Schüler kann noch eine zusätzliche 3. Stimme gespielt werden, wenn in den angegebenen Harmonien ein Rhythmus festgelegt wird.

Seite 37

Tonale Improvisation

Eine Anregung für den Lehrer, tonale Improvisation in einfachster Form mit in den Unterricht einzubeziehen. Die „Antwort" muß nicht aufgeschrieben werden. Die freigelassene Notenzeile ist vielmehr die optische Aufforderung an den Schüler: „Erfinde etwas, hier fehlt eine Zeile!"

Seite 38

Dieses Stück kann sowohl mit einem Schüler als auch mit mehreren Mitspielern verschiedener Leistungsstufen gespielt werden. Die Rondoform erlaubt es dann, daß die Stimmenbesetzung im zweistimmigen Thema nach Leistungsstand aufgeteilt wird und daß im Zwischenspiel jeweils mit einem anderen Schüler nach dessen Fähigkeiten eine Frage-Antwortimprovisation mit dem Lehrer erfolgt.

– Beim jetzt erreichten Leistungsstand sollte der Lehrer bei mehrstimmigen Stücken noch mitspielen, um einen gewissen Spielfluß zu erreichen und damit Spielfreude in Gang zu bringen.

Seite 42

Der 2. Finger

Zunächst spielt der Schüler das bekannte Lied in D-Dur auswendig, bis er es gut kennt und kann. Dann wird der 2. Finger vom Gehör her eingeführt, indem zunächst ohne Noten, „Alle meine Entchen", mit dem 4. Finger auf der G-Saite begonnen, gespielt wird und der Schüler von sich aus hört, daß das Lied mit dem gegriffenen 3. Finger nicht „stimmt".

Seite 43

Wenn die Kinder das Lied gelernt haben, können sie schon das Duo auf Seite 56 spielen. Es hebt das Selbstbewußtsein der Kinder sehr, wenn sie schon die letzte Seite spielen können.

Seite 45

Hier sollte die 2. Stimme unbedingt mit Rhythmusmotiven oder auch mit neuen Stricharten versehen werden.

Vorschläge:

①

②

③

④

Seite 46

Der Lehrer kann hier beginnen, die bogentechnische Realisierung von *crescendo* und *decrescendo* im Stück zu üben.

Seite 49

Die Tonleiter

Hier soll der Schüler zunächst leitermäßig die Notennamen schreiben, lesen und spielen lernen. Viele Spiele und Übungen sind möglich, um dem Schüler die Notennamen einzuprägen.

Seite 50

Ein fester Bestandteil des Übeprogramms sollte von nun an die Tonleiter zum Einspielen sein. Mit 3 Tonarten, den 6 Rhythmusmotiven und den langen Noten (Halbe-, Dreischlag-, Vierviertelnote) sind dem Lehrer genug rhythmische und strichtechnische Variationsmöglichkeiten an die Hand gegeben, damit Tonleiterspielen spannend bleibt.
Die Tonleitern werden parallel zu den Liedern und Duos S. 55 und 56 geübt.

Seite 55–56

Vor dem Spielen der Duos sollte der Schüler die Noten lesen und die dazugehörigen Finger benennen. Die erste Stimme der Duos kann auch gesungen werden, z.B. mit Rhythmusworten.